AF563714

DISCOURS

PRONONCÉS SUR LA TOMBE DE

SALOMON MUNK

PARIS. — IMPRIMERIE AUG. VALLÉE, 15, RUE BREDA.

DISCOURS

PRONONCÉS SUR LA TOMBE DE

SALOMON MUNK

PAR

M. DE LONGPÉRIER, président de l'Académie des Inscriptions et Belles-Lettres;

M. AD. FRANCK, membre de l'Institut, professeur au Collége de France, membre du Consistoire central ;

M. ISIDOR, grand rabbin du Consistoire central des Israélites de France,

Et M. ALBERT COHN, docteur en philosophie.

Hommage à la mémoire de Salomon Munk,
consolation à sa famille en deuil.
B. HALBRONN.

PARIS

IMPRIMERIE VALLÉE, 15, RUE BREDA

1867

Le Judaïsme vient de perdre un de ses plus dignes adeptes, la Science un de ses plus profonds et plus patients représentants, l'érudition hébraïque sa véritable incarnation. Ceux qui aiment Israël et la Science, sont désolés de cette perte irréparable. Salomon Munk n'est plus.

« Nous l'admirions tous à l'Académie, me disait, il y a quelques heures M. Guigniaut, secrétaire perpétuel de ce corps savant, et nous ne le remplacerons pas. »

Cet hommage est unanime parmi tous ceux qui l'ont connu et apprécié, et sera un titre de gloire pour ceux qui portent son nom.

Puissent les regrets universels qu'inspire la mort de ce savant si modeste consoler sa famille éplorée et encourager ceux qui marchent sur ses traces.

Hommage d'un de ses admirateurs les plus sincères,

B. Halbronn.

DISCOURS

PRONONCÉ

PAR M. DE LONGPÉRIER

Président de l'Académie des Inscriptions et Belles-Lettres.

MESSIEURS,

Il me semble que la mort apporte parfois un véritable raffinement de cruauté dans les coups dont elle nous frappe. Au moment où l'Académie s'occupe de la formation d'une collection importante de documents orientaux, alors qu'elle doit, aujourd'hui même, nommer la commission chargée d'en discuter les bases, alors que le nom de Munk, je puis le dire sans commettre une indiscrétion, était écrit en tête du bulletin que chacun de nous allait déposer dans l'urne des votes, voilà que ce confrère si indispensable à l'œuvre que nous méditions en commun, nous est enlevé inopinément avant d'avoir reçu le juste témoignage de confiance et d'estime que l'Académie voulait lui donner, avant d'avoir pu léguer à la compagnie qu'il aimait sincèrement les précieuses indications qu'elle attendait de son immense expérience. — Si l'on nous eût dit, il y a quelques jours que Munk ne prendrait aucune part à la rédaction de ce recueil des inscriptions sémitiques pour laquelle il était si complètement, si spécialement préparé, personne parmi nous n'eût voulu le croire; car qui donc eût pensé à accuser de négligence ou de tiédeur cet homme si bon, si infatigablement dévoué à la science, et qui donc aussi pouvait prévoir que ses jours étaient menacés? — Il a succombé aux premières atteintes d'un mal terrible qui foudroie ses victimes, et ne leur laisse pas même la conscience du deuil qui les entoure. En quittant cette vie, du moins, il n'a pas éprouvé les angoisses de la séparation suprême. Dans cette pensée réside le seul adoucissement que puisse trouver la douleur de ses nombreux amis, de cette charmante famille qu'il chérissait tendrement, à laquelle il donnait l'exemple de tant de vertus, et qui mettait tout son bonheur à lui prodiguer des soins pieux et incessants.

Salomon Munk, messieurs, était né en Allemagne, à Glogau, il y a soixante-trois ans. D'abord, il étudia à Bonn et à Berlin, puis il vint en France assister aux leçons de notre vénérable maître Sylvestre de Sacy. Son esprit fin et ingénieux se fortifia rapidement sous l'influence de cet enseignement incomparable. Il apportait d'ailleurs en lui-même cette disposition native qu'il devait à son origine sémitique, et qu'aucun effort ne peut remplacer. Aussi ne tarda-t-il pas à compter parmi les orientalistes les plus éminents.

Après avoir acquis une connaissance intime, profonde de l'hébreu de tous les âges, du chaldéen, de l'arabe, du syriaque, du persan; après avoir appris presque toutes les langues de l'Europe, il voulut encore savoir le sanscrit et réussit dans cette nouvelle entreprise. — Pendant dix années, il s'adonna à l'étude patiente et à la classification des manuscrits orientaux de la bibliothèque impériale; il n'interrompit sa tâche que lorsque sa vue, usée par le travail, lui eut fait presque entièrement défaut. Son labeur ordinaire ne lui suffisait cependant pas. Il publia de 1833 à 1859, ces savants mémoires, ces livres si utiles à ceux qui veulent pénétrer les secrets de la philosophie, de la théologie, de l'histoire des Orientaux, et enfin un ouvrage devenu populaire, cette histoire de la Palestine dont, hier encore, le plus illustre des professeurs de notre temps (1) parlait avec des éloges bien glorieux pour celui qui les a mérités.

Munk, devenu complétement aveugle, avait accompli des prodiges d'érudition. Ses commentaires sur la grande inscription punique de Marseille, sur la longue épitaphe phénicienne de Sidon (textes pour l'intelligence desquels les yeux les plus exercés d'un épigraphiste paraissaient nécessaires), resteront comme des modèles de critique.

Aussi, messieurs, vous vous rappelez quel accueil facile et empressé Munk trouva près de nous tous, lorsqu'il exprima le tardif désir d'entrer à l'Académie. Vous, ses anciens chefs ; nous ses anciens camarades de la Bibliothèque, nous le connaissions dès longtemps, nous l'avions vu à l'œuvre ; nos suffrages lui étaient assurés.

Le souvenir de cet excellent confrère nous restera bien cher.

Vous admiriez, messieurs, le calme, disons mieux : la résignation avec laquelle il supportait les tristes conséquences de son infirmité ; vous aviez apprécié son assiduité au travail, son noble cœur, sa modestie pleine de dignité, sa parfaite urbanité dans les discussions où cependant il soutenait son opinion avec fermeté, et à l'aide de ces miracles de mémoire qui lui permettaient de citer de longs passages en diverses langues, de façon à défier tout contrôle. — Vous l'aimiez pour sa bienveillance, pour l'aide qu'il s'empressait de donner aux débutants, pour cette piété douce, convaincue, attentive

(1) M. Guizot.

qui lui faisait mettre en lumière les autorités propres à soutenir sa loi.

C'est au sujet des philologues qui, comme Munk, après avoir appris les langues de toutes les races, conquis par l'étude l'histoire des peuples dans tous ses détails, pesé tous les résultats obtenus par la critique ancienne et moderne, qui, dis-je, ont puissé dans le labeur même un plus grand attachement pour leurs croyances et pour les vertus qu'elles leur imposent, qu'on peut rappeler avec justice ces paroles de l'Écriture :

« Il leur donna le pays des nations; ils prirent possession des travaux des peuples; — afin qu'ils observassent ses lois, et qu'ils gardassent ses doctrines (1). »

(1) Psal. CV, 44, 45.

DISCOURS

PRONONCÉ

PAR M. AD. FRANCK

Membre de l'Institut, professeur au Collége de France, membre du Consistoire central.

Messieurs,

La douleur qui nous rassemble au bord de cette tombe, prématurément ouverte par un coup soudain, a ce caractère particulier d'être pour chacun de nous tout à la fois comme l'écho d'un malheur public et comme le sentiment plus profond d'un deuil personnel. Y a-t-il, en effet, si nombreux que nous soyons, quelqu'un ici présent qui, en honorant dans M. Munk un savant dont il était fier, ou pour son pays ou pour sa Religion, ou pour la Compagnie où il lui était donné de s'asseoir régulièrement à ses côtés, n'ait été attaché à lui par les liens de l'amitié? Son confrère à l'Institut, son collègue au Collége de France, son collègue encore au Consistoire Central, avant tout, un de ses amis les plus anciens et les plus dévoués, un des admirateurs les plus reconnaissants de ses précieux travaux, où se montre, avec une rare intelligence, la même conscience, le même esprit de droiture qui dirigeait ses actions, lequel de ces titres faut-il invoquer, pour lui rendre dans cette funèbre enceinte, un suprême hommage? Je voudrais les faire valoir tous, afin de laisser mon affliction éclater dans mes paroles, aussi vive et aussi profonde qu'elle l'est dans mon cœur; mais, je remplace ici par devoir un absent, notre cher président M. le colonel Cerfbeer, retenu loin de Paris, par des obligations de famille. C'est donc le Consistoire Central qui vous fait entendre, par mon organe, ses adieux et ses regrets. Au reste, tout se ressemblait, tout se confondait dans la personne de M. Munk : l'homme, l'Israélite, le savant. — C'est de l'homme que je sens le besoin de venir vous entretenir surtout. Après la biographie intéressante que vient de vous présenter mon savant confrère, M. de Longpérier, il me reste encore à recueillir des traits particuliers qui ne paraîtront pas, j'en suis sûr, indignes d'être conservés dans votre mémoire.

Né à Glogau en 1803, M. Salomon Munk, était le fils d'un pauvre bedeau de synagogue — mais, la pauvreté, cette dure institutrice qui a rarement manqué aux hommes supérieurs, lui enseigna le grand art de se suffire. Après avoir étudié jusqu'à l'âge de quatorze à quinze ans, l'Ecriture sainte et le Talmud, avec un succès qui aurait pu lui ouvrir la carrière rabbinique, il se rendit à Berlin pour y acquérir la connaissance de langues classiques, tout en se perfectionnant dans celle de l'hébreu. Il fit le voyage à pied, n'ayant pas de quoi payer sa place dans une voiture publique, et il donna des leçons du peu qu'il savait, pour faire face à ses besoins. C'est par le même moyen qu'il se trouvait en état de s'acquitter de la rétribution scolaire envers le gymnase, c'est-à-dire envers le Collége qui lui enseignait le grec et le latin. Au reste s'il travaillait beaucoup, il savait vivre de peu; car il n'était pas seulement son propre valet de chambre, mais aussi son propre cuisinier. Du gymnase d'où il emporte les plus brillants témoignages, il passe à l'Université, s'arrête quelque temps au pied de la chaire de Hégel, dont son âme religieuse n'a jamais pu goûter les doctrines, prête une oreille plus attentive aux leçons de Boeck, et de Bopp, le plus illustre représentant de la grammaire comparée, puis se rend à Bonn, attiré par la réputation des Freytag, des Lassen, des Schlegel, pour s'appliquer particulièrement aux langues orientales.

Il était certainement assez instruit pour remplir dans son pays les fonctions de *privat docent* ou de *professeur extraordinaire*, comme qui dirait d'agrégé et de professeur suppléant. Mais le gouvernement prussien, au nom d'une religion fondée sur la charité et le libre examen, lui ferma l'entrée de toutes les carrières publiques. Nous n'avons pas le droit de lui en vouloir de cet acte d'intolérance devenu heureusement impossible dans la Prusse libre et constitutionnelle de nos jours ; car il a fait de M. Munk notre concitoyen, il a donné à la France un savant illustre que non-seulement la Prusse, mais que l'Allemagne entière lui envie.

C'est en 1828 que M. Munk arrive à Paris, et tout en étudiant simultanément trois langues de l'Orient, l'arabe, sous la direction de M. Sylvestre de Sacy ; le sanscrit avec Chézy, le persan avec Quatremère, il se procurait les moyens de vivre en donnant des leçons comme à Berlin, et en fournissant des travaux d'érudition et des articles critiques à différents organes de la presse. En 1838 il entrait en qualité d'employé à la Bibliothèque impériale, où son passage a laissé une trace ineffaçable dans les précieuses notices, malheureusement encore inédites, qu'il rédigea sur les manuscrits hébreux. Pourvu d'un traitement de 900 francs, il trouva le secret, étant déjà marié à la femme de cœur qui a été jusqu'à son dernier jour sa consolation, son orgueil et sa force, de faire une rente de 1200 francs à sa mère. On aura pénétré le mystère de ce nouveau système d'économie domestique, quand on saura qu'il avait la plume à la main ou qu'il était entouré d'élèves depuis quatre heures du matin jusqu'à dix heures du soir.

Cette journée si bien remplie, ces modestes revenus si pieusement dépensés ne l'empêchaient pas d'exercer la plus délicate bienfaisance, de répandre autour de lui tout à la fois l'aumône matérielle qui passe de la main à la main et l'aumône spirituelle de la parole.

En effet, Messieurs, ce futur membre de l'Institut, ce savant d'une renommée européenne, appelé à occuper une des chaires les plus anciennes du Collége de France, ne trouvait pas indigne de lui, pendant un certain nombre d'années, de faire un cours gratuit d'instruction religieuse à l'usage des enfants. En 1840, après l'horible exécution de Damas, dernière libation de sang humain réclamée et obtenue par le fanatisme du moyen âge, il accompagna M. Crémieux en Egypte, traduisit en arabe sans préparation ses brillantes improvisations françaises et contribua à fonder des écoles, à inspirer le goût du travail, à réveiller le sentiment de la dignité humaine chez des populations avilies par la servitude et à établir comme un trait d'union entre les Israélites de l'Orient et ceux de l'Occident.

Le reste de la vie de M. Munk, sans être moins fécond en œuvres de charité et malgré la place qu'y tiennent les devoirs de la famille, appartient aux œuvres scientifiques qu'ont fondé sa renommée et lui ont ouvert les portes de l'Académie des Inscriptions : la Palestine, les mélanges de philosophie juive et arabe, les grammairiens hébreux des dixième et onzième siècles, une foule de dissertations du plus rare mérite et surtout cette traduction française du *Guide des Égarés* qui suffirait seule pour faire passer son nom à la postérité avec celui de Maïmonide. Je me contente de les nommer, laissant à d'autres ou remettant à un autre moment la tâche de les apprécier.

Toute cette science, à quelques exceptions près, est purement israélite, elle se rapporte à la langue, à l'histoire, à la littérature, à la philosophie et à la religion de nos pères ; elle contribue à dissiper une foule d'erreurs accréditées sur ces graves matières ; elle a pour effet de montrer dans toute son étendue la place que tient notre forte race dans l'œuvre générale de la civilisation ; comment n'aurait-elle pas ouvert à **M.** Munk l'entrée du Consistoire central des Israélites.

Après avoir pendant longtemps appartenu à ce corps en qualité de secrétaire, il y a pris son véritable rang, il est devenu notre collègue. Membre de toutes les Commissions dont les travaux réclament une véritable connaissance de la langue et de la théologie hébraïque, il apportait à nos délibérations générales un esprit qui lui était personnel. Partisan de la plus complète liberté en matière de critique religieuse ; ne reconnaissant que la lumière de la raison, la lumière qui résulte de la philologie ou de l'histoire, dans l'interprétation des textes bibliques, il se montrait d'une extrême timidité dans la voie des réformes. C'est qu'en véritable archéologue qu'il était, tout ce qui portait le cachet de l'antiquité lui était cher. Il y voyait comme une ruine vénérable, bonne à conserver parmi les monuments historiques. Peut-être aussi pensait-il que les réformes, même les plus innocentes en matière religieuse, doivent venir de la foi elle-même, à laquelle il faut laisser le soin de s'éclairer de sa propre lumière et d'avancer de son propre mouvement.

Je ne juge point cette manière de voir. Je me borne à l'exposer.

Quelles que fussent ses opinions, nous étions heureux, nous étions fiers de le posséder au milieu de nous, et nous n'avions pas besoin d'attendre cette cruelle séparation pour savoir que le vide qu'il laisserait dans nos rangs ne serait jamais comblé. Remplis d'amitié pour sa personne et de respect pour son caractère autant que pour son savoir, nous ne pouvions nous empêcher d'être touchés de cette sérénité inaltérable conservée au milieu des ténèbres qui enveloppèrent une grande partie de son existence. C'était une âme tendre et élevée qui, soutenue par la puissance des saintes affections et rendant justice au don de la vie qu'elle faisait servir à un si bel usage, attendait sans impatience le jour éternel qui devait succéder à cette nuit passagère. Puisse ce jour être venu et le consoler de toutes ses épreuves, le récompenser de tous ses travaux !

DISCOURS

PRONONCÉ

PAR M. ISIDOR

Grand rabbin du Consistoire central des Israélites de France.

MES FRÈRES,

Une grande lumière vient de s'éteindre en Israël. Cette mort produira un deuil général, elle sera pleurée à Jérusalem comme à Paris, à Varsovie comme à Constantinople ; car Salomon Munk était universellement connu, universellement vénéré. Il personnifiait en lui la science la plus élevée, unie aux plus nobles vertus ; sa parole était partout écoutée, elle faisait autorité comme celle de Maimonide et de Gabirol, dont il avait reproduit les œuvres, en les faisant connaître pour la première fois, dans toute leur vérité, à la France et au monde savant.

Nos livres racontent; dans leur langage symbolique, que le jour où disparaît l'astre d'un homme de bien, Dieu fait poindre à l'horizon un nouvel astre, et c'est ainsi que Rabbi Jehouda, le saint, naquit le jour même, où s'éteignit dans les tortures l'illustre Akiba.

C'est une consolante parole, c'est vrai ! mais en présence de cet astre qui s'est éclipsé, de ce soleil qui s'est couché, je doute qu'un nouveau soleil se lève demain, je crains même que la nuit ne soit longue. Les hommes, comme Munk, sont rares à toutes les époques, et aujourd'hui surtout, ils ne se suivent plus à des intervalles si rapprochés. Cette mort laisse un vide qui ne sera pas de sitôt comblé.

Les éloquentes paroles que vous venez d'entendre, mes frères, prononcées sur cette tombe au nom du Consistoire central, au nom du Collége de France et de l'Institut, vous ont dit toute l'immensité de la perte que nous venons de faire. On l'a pleuré au nom de la science, laissez-moi le pleurer au nom de la Religion qu'il a honorée et glorifiée par ses vertus, au nom du Judaïsme qu'il a servi et défendu, qu'il a fait connaître et respecter par sa parole si sincère et si convaincue, par ses écrits si profonds et si estimés, par son courage et son dévouement que rien, pas même sa cruelle infirmité, comme il l'appelait, ne pouvait arrêter ni paralyser.

Je n'essayerai point, mes frères, de vous raconter la vie de Munk ; mes paroles seraient toujours au-dessous de la vérité, et quelqu'éloquentes même qu'elles fussent, elles n'en diraient jamais assez. Ici, messieurs, le nom suffit, et dire que Salomon Munk n'est plus, c'est dire que l'esprit le plus élevé a cessé de penser, que le cœur le plus pur a cessé de battre !

Fidèle à cette parole de la Bible « *Vous vous attacherez à votre Dieu, et vous lui ressemblerez* » il s'efforçait sans cesse de s'élever jusqu'à lui par la vertu et la science. Il vivait de la vie spirituelle plus que de la vie terrestre ; chez lui l'âme savait dominer sa fragile enveloppe et subjuguer le corps. Il n'avait qu'une passion, celle de la vérité, et malgré les épreuves et les difficultés, il n'y avait jamais, dans cette vie de 60 ans, la moindre défaillance morale !

Quand Munk arriva à Paris, en 1828, il était encore bien jeune.

encore inexpérimenté, mais c'était déjà un savant ; son cœur était animé déjà des plus nobles sentiments, et son esprit, si merveilleusement doué, n'était préoccupé que d'une pensée : apprendre et apprendre toujours. Il fut bien vite connu, apprécié et recherché. A l'âge de 25 ans, il était l'ami du vénérable Silvestre de Sacy, et alors comme aujourd'hui, il était estimé et aimé de tous ceux qui leconnaissaient, sans distinction de culte ni d'opinion.

Sa science était prodigieuse, il savait tout; il parlait toutes les langues, il avait lu tous les livres, et s'il l'avait voulu, il aurait pu parcourir des voies qui lui eussent donné, peut-être, plus de gloire et se livrer à des travaux qui eussent été plus féconds pour ses intérêts matériels ! Mais le désir de réhabiliter sa religion, si souvent calomniée, d'être utile à ses frères, si souvent méconnus, son cœur si profondément israélite, le portait d'une manière irrésistible vers la culture de la science juive, qu'il a élevée à une immense hauteur, et que le premier en France, il a développée, dans toute sa plénitude, et dans toute sa vérité.

Nos grands hommes de l'époque espagnole, leurs livres qui renferment de si larges connaissances philosophiques et sociales, c'est lui qui les a popularisés, et appelé sur eux l'attention des savants et des penseurs !

Un homme illustre, qui était à la tête de la science pendant de longues années, et dont la mort a produit, il y a quelques semaines, une si grande sensation en France, cet homme lui écrivit un jour cette belle parole, d'autant plus flatteuse pour Munk qu'elle sortait de la bouche de Victor Cousin :

« Cher confrère, je vous envoie le livre que je viens de publier; je vous en fais hommage, car c'est vous qui l'avez inspiré, c'est votre œuvre. »

Dieu lui avait enlevé les yeux du corps, il n'avait plus, depuis quelques années, que les yeux de l'esprit, et c'est dans ce malheureux état, luttant contre des difficultés sans nombre, qu'il a commencé et terminé son grand ouvrage « le *Guide des Égarés* » œuvre gigantesque, qui restera son plus beau monument de gloire, qui immortalisera son nom, mais qui a abrégé sa vie. Munk est mort victime de la science!

Si Munk, mes frères, ne nous avait laissé que le fruit de sa science, Israël lui devrait déjà une reconnaissance éternelle; mais il nous a laissé aussi les fruits de son cœur. Sa bonté était à la hauteur de son intelligence!

Munk était au milieu de nous, à notre tête, partout où il y avait du bien à faire, nous donnant son temps et ses conseils. Il faisait partie de toutes nos commissions, de toutes nos œuvres de charité, éclairant les questions, conciliant les opinions, apportant partout l'appui de ses connaissances et de sa légitime autorité. Il s'intéressait vivement aux progrès de nos enfants dans les écoles, comme aux progrès de nos jeunes hommes qui se destinent au sacerdoce, et vous venez d'entendre de la bouche même du vice-président du Consistoire central, quelle place il occupait au sein de cette administration supérieure. Il y était écouté et respecté comme un des membres les plus utiles et les plus dévoués.

Ah, quand je songe à la lacune que sa mort va laisser au consistoire central, j'éprouve surtout une profonde émotion, une douleur qui m'est personnelle. J'étais si heureux de l'avoir à mes côtés, de m'éclairer de ses conseils, et c'est au moment où je franchis le seuil de cette administration, qu'il en sort, qu'il la quitte, que Dieu nous l'enlève!

Il y a bientôt 30 ans, désigné par la voix publique, Munk accompagna Crémieux et Montéfiore qui allèrent à Damas et en Egypte, au nom de la justice et du Judaïsme outragés, pour délivrer de la mort des frères accusés d'un crime imaginaire. Les nobles pèlerins qui vivent encore, vous diront avec quel dévouement, avec quelle sagacité il s'est acquitté de sa mission. Il parla à ces hommes, aux juifs comme aux musulmans, il leur parla dans leur langue, au nom de leur religion, et de leur histoire. Ils étaient étonnés de cette apparition, ils l'appelaient, dans leur langage imagé, « Un astre venu de l'Occident » et ils s'inclinaient devant lui.

Munk était membre de toutes nos institutions, et l'on peut dire qu'il est mort sur le champ de bataille du dévouement. Mardi soir, nous étions réunis chez lui, nous occupant des choses du culte, l'écoutant, comme d'habitude, avec bonheur, et c'est à l'issue de cette séance, ses collègues venaient à peine de le quitter, que la mort est venu le frapper.

Ah, mon Dieu, pourquoi n'étions-nous plus là pour entendre son dernier soupir, pour recueillir son dernier souffle !

Nous avions tous une grande affection pour lui. Il avait tant de vertus, à côté de sa science, que l'on se demandait sans cesse ce qu'il fallait le plus admirer en lui. C'était un caractère d'élite, unissant la fermeté des principes à la plus douce indulgence. C'était une nature simple, patriarcale, dont la modestie, une modestie sans exemple, relevait et faisait briller, dans tout leur éclat, les qualités qu'il voulait dérober aux hommes.

Il s'effaçait, il fuyait les honneurs. Ecoutez sa dernière parole, pour ainsi dire, sa dernière parole publique ; elle dépeint l'homme tout entier ! Ses collègues de l'Alliance Israëlite venaient de lui conférer la présidence de cette grande institution :

« Je ne puis accepter, leur écrivit-il, cet insigne honneur, per-

» sonne, moins que moi, n'est apte à remplir les fonctions insépa» rables de ce titre ; je suis inconnu, et je ne puis être d'aucune » utilité à votre comité..... » il s'appelait un inconnu, lui dont le nom était européen !

Il était d'une douceur angélique, d'une bonté inépuisable ; il accueillait tout le monde, le pauvre comme le riche, le pauvre surtout, avec une aménité qui ne se démentait jamais, et le savant sans pain, les jeunes gens sans place, les exilés sans patrie venaient sans cesse faire appel à sa généreuse intervention.

Que de fois, permettez-moi, noble ami, cette indiscrétion, que de fois, l'ai-je vu, lui aveugle et affaibli par le travail, aller frapper aux portes des riches, dans l'intérêt de ces malheureux, et que de fois, heureux de répondre à son désir, l'ai-je accompagné dans ces généreuses excursions !

Dieu l'avait frappé ; la perte de la vue, était pour lui, plus que pour tout autre, un immense malheur ! Cependant, jamais de plainte, jamais de murmure ! quel calme et quelle résignation au milieu des siens à qui il donnait l'exemple de toutes les vertus.

Ah ! j'ai parlé des siens, j'ai parlé de ses enfants, qu'il aimait si tendrement, de sa femme, vertueuse compagne qui a prolongé peut-être, par son affectueux et infatigable dévouement, cette frêle et précieuse existence ! pauvre femme, pauvres enfants, vous perdez votre couronne ; nous comprenons vos larmes et nous pleurons avec vous ! Il a eu le bonheur de marier sa fille aînée, de la voir heureuse ! mais il reste deux filles, un fils, une veuve inconsolable, dont l'avenir le préocupait sans cesse, et dont il ne peut plus, hélas, assurer l'avenir ! il laisse à ses filles, à son fils, à sa veuve, une grande gloire, un beau nom, mais c'est tout ce qu'il leur laisse ! !

On a été juste envers lui, pendant sa vie, on le sera aussi près sa mort.

Munk a obtenu la plus belle récompense que le savant et l'homme de bien puissent ambitionner : l'affection de ses concitoyens et l'estime de ses confrères; il était membre du Collége de France et de l'Institut, deux titres qui sont la plus haute consécration du talent.

Ne murmurons pas contre les décrets de la providence ; pleurons de l'avoir perdu, mais remercions Dieu de nous l'avoir donné : Son nom vivra dans nos cœurs.

Adieu, noble ami, adieu ! Vous avez cherché la vérité, vous la trouverez maintenant près de Dieu qui est l'essence même de la vérité ; là, tous les mystères vous seront dévoilés ; là, vous vous désaltérerez, selon la belle parole du prophète, à la source même de la science, et assis aux pieds du Seigneur, contemplant sa face radieuse, vous jouirez de la béatitude éternelle. Reposez en paix, nous nous reverrons dans la patrie des âmes où les séparations sont inconnues. Reposez en paix et priez pour nous. Priez pour votre veuve et vos enfants. Ce titre est une couronne, et nous respecterons cette couronne. Nous ne vous oublierons jamais, car il nous reste de vous deux choses qui sont au-dessus des vanités de ce monde : dans le ciel, votre âme unie à Dieu ; sur la terre, votre nom couronné du souvenir de vos vertus.

AMEN.

DISCOURS

PRONONCÉ

PAR M. ALBERT COHN

Docteur en philosophie.

Vous ne m'en voudrez pas, messieurs, si comme ami de trente ans, je viens prendre congé de cet excellent homme dont vous allez rendre les dépouilles à la terre.

Tu avais pour la vérité un amour passionné, tu avais en horreur tout ce qui est mensonge et fausseté; c'est pourquoi Dieu t'a couronné de la couronne de la science, et de celle plus impérissable encore d'une haute et bonne renommée.

Et la bonne renommée, comme dit le sage, dont tu portais le nom, vaut mieux que tous les parfums; aussi, quand on la possède, le jour de la mort est-il préférable à celui de la naissance.

Ta poche comme ta main, ton cœur comme tes oreilles étaient toujours ouverts, quand il s'agissait de donner des conseils ou de soulager; les yeux seuls se fermaient graduellement et ont fini par se clore complétement.

Alors se déroula une scène admirable. Lorsqu'après bien des tâtonnements, la science eut déclaré l'infirmité incurable, Munk montra un calme et une sérénité qui sont toujours l'apanage d'un noble esprit et d'un cœur élevé.

On put admirer, malgré sa cécité, sa lucidité de jugement, la netteté de ses perquisitions scientifiques ; et le nom d'aveugle devint un titre de gloire et d'honneur.

Ce n'est pas ici la place, ce n'est pas maintenant le moment de faire connaître ce que cet homme si rare a été pour la science, pour le Judaïsme.

Je n'en aurais pas d'ailleurs la force.

Mais je ne puis oublier que dans nos conversations, dans nos épanchements, les plus intimes, durant trente ans, Dieu, la vérité, et les intérêts supérieurs de l'humanité étaient toujours le principal sujet de nos entretiens.

Adieu, au nom de tous les amis de la science, qui de près ou de loin seront douloureusement affectés, partout où la nouvelle se répandra qu'il est mort un homme grand en Israël, grand en sagesse, grand en modestie !

Adieu, au nom de tous les malheureux que tu as soulagés, soutenus bien au delà de tes moyens !

Adieu, au nom de ceux qui mus par l'estime sincère que tu leur inspirais, t'ont facilité la tâche de mettre en lumière ton principal œuvre !

Adieu, en mon nom personnel, adieu, au nom de mes sentiments les plus tendres et les plus affectueux !

Ni la France savante, ni la France juive n'oublieront la dette qu'elles ont contractée envers toi et envers ceux qui portent ton nom.

Quant à moi, je n'oublierai ni toi, ni les tiens, et ce qui me

BIBLIOTHÈQUE NATIONALE

console dans ma douleur c'est l'espoir de nous revoir un jour dans une vie meilleure où nous reprendrons ces entretiens qui dévoilaient les nobles qualités de ton âme.

Et maintenant l'esprit étant retourné à sa source divine, rendons la partie périssable à la terre.

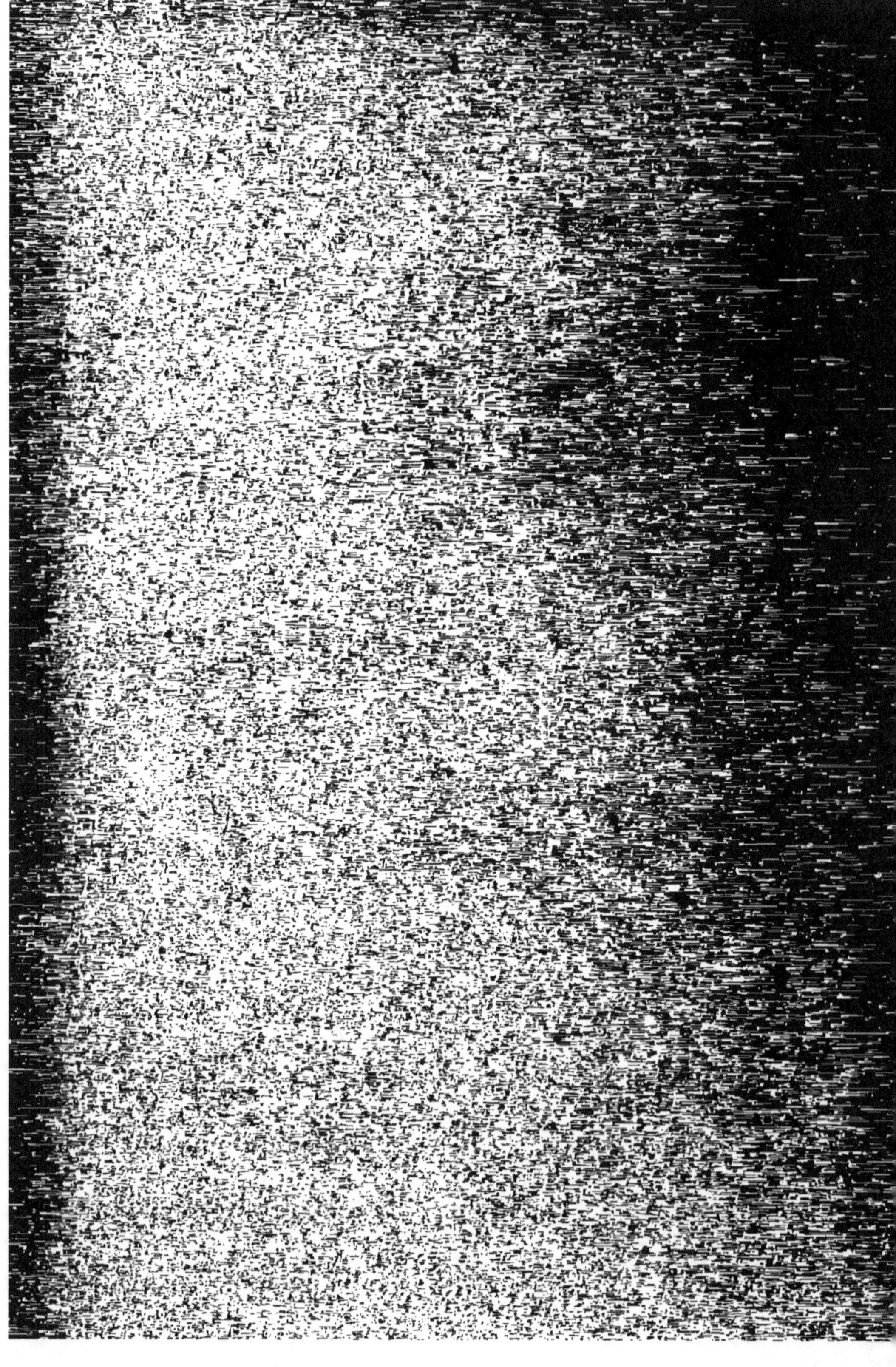

www.ingramcontent.com/pod-product-compliance
Lightning Source LLC
LaVergne TN
LVHW020307230826
846091LV00006B/2571

* 9 7 8 2 0 1 2 3 9 7 0 4 0 *